"Fico impressionado com a quantidade de vezes que os cursos de gerenciamento falam da habilidade de modificar o tempo e a realidade. Eu prefiro dizer: 'Abrace a realidade e descubra como se beneficiar dela'."

"O segredo é agir. Escolha as idéias e as estratégias que se aplicam a você. Depois, entre em ação e faça com que elas funcionem!"

CB132203

COMO SE TORNAR MAIS ORGANIZADO E PRODUTIVO

24 lições para estabelecer metas, definir prioridades e gerenciar seu tempo

Ken Zeigler

SEXTANTE

Título original: *Getting Organized at Work*
Copyright © 2005 por McGraw-Hill Companies, Inc.
Copyright da tradução © 2007 por GMT Editores Ltda.
Todos os direitos reservados. Nenhuma parte deste livro pode ser reproduzida sob quaisquer meios existentes sem autorização por escrito dos editores.
Publicado em acordo com a McGraw-Hill Companies, Inc.

tradução: William Lagos
preparo de originais: Débora Chaves
revisão: Luis Américo Costa, Sérgio Bellinello Soares e Tereza da Rocha
projeto gráfico e capa: Cristiano Menezes
diagramação: Marcia Raed
impressão e acabamento: Yangraf Gráfica e Editora Ltda.

CIP-BRASIL. CATALOGAÇÃO-NA-FONTE
SINDICATO NACIONAL DOS EDITORES DE LIVROS, RJ

Z49c

Zeigler, Kenneth, 1954-
Como se tornar mais organizado e produtivo / Ken Zeigler; tradução de Luis Humberto William Lagos Teixeira Guedes. – Rio de Janeiro: Sextante, 2007.

Tradução de: Getting organized at work
ISBN 978-85-7542-284-7

1. Administração do tempo. 2. Escritórios – Administração. I. Título.

07-0752 CDD: 650.11
CDU: 65.011.42

Todos os direitos reservados, no Brasil, por
GMT Editores Ltda.
Rua Voluntários da Pátria, 45/1.404 – Botafogo
22270-000 – Rio de Janeiro – RJ
Tel.: (21) 2538-4100 – Fax: (21) 2286-9244
E-mail: atendimento@esextante.com.br

SUMÁRIO

PREPARE-SE PARA O SUCESSO

O objetivo deste livro é fornecer dicas, ferramentas e estratégias de organização pessoal para você aplicar tanto no ambiente de trabalho quanto em sua própria casa. A idéia é ajudá-lo a aumentar sua eficiência de forma imediata e mensurável, não importa o método que você estiver usando no momento.

Muitos cursos sobre gerenciamento do tempo tratam da habilidade de modificar o tempo e a realidade. Isso me parece pouco prático. Em vez de agir como o salmão, que nada contra a correnteza, siga o fluxo normal das coisas – apenas acrescente estrutura e disciplina.

Este livro foi concebido para levá-lo a analisar o seu cotidiano e a responder à seguinte pergunta: *Por que* você age assim *quando* realiza determinada tarefa?

Siga as três etapas:

1. Tome nota de como é o seu dia-a-dia durante uma semana, tanto no trabalho como em sua vida pessoal. Você se surpreenderá ao descobrir o tempo que leva para realizar suas tarefas.
2. Depois de uma semana, analise o resultado da planilha de atividades e o tempo gasto em cada item. Identifique o que é desnecessário e elimine.

3. Descubra ou arranje tempo para se dedicar às tarefas ou atividades realmente essenciais, que muitas vezes são preteridas por causa de compromissos relativamente menos importantes, até mesmo desnecessários.

Logo que tiver se acostumado a anotar quanto tempo leva para executar cada tarefa, é provável que você comece a identificar padrões em atividades, interrupções e eventos não planejados. O próximo passo é usar as estratégias apresentadas neste livro para manejar esses padrões de forma mais eficiente.

O segredo é praticar. Escolha duas ou três idéias de cada vez e coloque-as em prática até que se transformem em um hábito. Repita o processo, sempre agregando duas ou três novidades à sua rotina. Ao final de uma semana, pergunte a si mesmo o que poderia fazer melhor na semana seguinte.

Existem ainda dois aspectos fundamentais para ganhar tempo:

- O aprimoramento de suas habilidades de gerenciamento de tempo.
- O treinamento das outras pessoas, para que o gerenciamento de tempo delas não atrapalhe o seu.

"Este livro se destina aos que querem se tornar mais eficientes e mais produtivos e que buscam o equilíbrio em suas vidas."

SIGA O RITMO DOS ACONTECIMENTOS

ASSUMA O CONTROLE DE SEU DIA

Sua vida é como um circo. Você pode ser o domador ou pode ser a fera. Você pode gerenciar o seu dia, ou seu dia vai gerenciar você. Trata-se de uma questão de disciplina. Mas, para assumir o controle da sua vida, você terá de:

- Mudar a maneira de pensar. Você tem mais poder do que imagina, mas precisa agir e negociar seus movimentos ao longo do dia.
- Ser mais paciente. Você precisa diminuir o ritmo, em vez de correr de um lado para o outro.
- Tornar-se mais disciplinado. Entenda que há tempo e lugar para tudo. Se você não seguir as regras, vai pular de tarefa em tarefa e ficar com a sensação de que "o dia passou muito rápido!".

Abaixo seguem alguns exemplos de como você pode assumir o controle de seu dia:

Ensine os outros a expressarem suas necessidades de forma mais eficiente: Mesmo que você possua excelentes técnicas de administração de tempo, seus colegas de trabalho podem continuar dificultando sua vida. Peça que eles forneçam, por telefone, pessoalmente ou por e-mail, as informações necessárias para que possa ajudá-los com eficiência. E seja o mais específico que puder em sua comunicação com os outros. Lidere pelo exemplo.

Ensine os outros a controlarem o próprio tempo: Aplique as estratégias sugeridas neste livro. Lembre-se: quando você gerencia seu tempo com competência, demonstra a quem está ao seu redor a melhor maneira de se fazer aquilo. É de seu interesse ensinar as pessoas que o rodeiam a reconhecerem que há tempo e lugar para tudo – e que não é necessariamente "aqui e agora". É gentil de sua parte mostrar-se disponível, mas é mais inteligente controlar as interrupções. Identifique os assuntos que, em geral, levam as pessoas a interromperem seu trabalho, e comece a agendar a hora e o local que lhe sejam mais convenientes.

Comece e termine cada tarefa, em vez de correr de um lado para outro: Quando lhe pedirem para fazer algo, procure realizar a tarefa da melhor maneira possível. O ideal é que você e a pessoa que fez o pedido fiquem satisfeitos. Fazer muitas tarefas ao mesmo tempo pode ser uma necessidade, mas, em geral, não é uma virtude. Na verdade, muitas vezes é apenas uma forma ineficiente de permitir que o *tempo* governe *você*.

Faça uma coisa de cada vez, como as pessoas de sucesso: Aja como um policial de trânsito. Da mesma maneira que o guarda encarregado de controlar o cruzamento fica parado no meio da rua indicando quais veículos devem avançar e quais devem parar, dirija o fluxo de trabalho que é colocado em cima de sua escrivaninha.

"Para assumir o controle de seu dia, é preciso entender que há tempo e lugar para tudo. Quem gerencia o tempo com sucesso sabe que é apenas uma questão de disciplina."

RESOLVA OS PROBLEMAS À MEDIDA QUE FOREM SURGINDO

ESTABELEÇA SUAS METAS

O primeiro passo para administrar o seu tempo é descobrir o que você precisa ou deseja conquistar.

Um objetivo é o resultado final para o qual você direciona tempo, energia e recursos. Ele deve definir o resultado e o propósito. Veja por que é importante estabelecer objetivos:

- Objetivos dão sentido à administração de tempo
- Objetivos proporcionam clareza e foco sobre linhas de ação
- Objetivos definem oportunidades específicas para obter melhores resultados
- Objetivos determinam o cenário, ou o direcionamento, para a conquista desses resultados.
- Objetivos melhoram o desempenho porque estabelecem responsabilidades pelos resultados
- Objetivos fornecem a estrutura para alcançar o sucesso que você deseja
- Objetivos melhoram as comunicações porque padronizam as expectativas
- Objetivos são uma forma justa de recompensar o sucesso

Para estabelecer objetivos, a primeira etapa é imaginá-los em sua mente. Feche os olhos e mentalize a tarefa acabada ou o projeto completo – enfim, o resultado final. Depois, faça o caminho inverso e anote cada um dos passos desse processo. Um grande problema é que as pessoas tendem a pular etapas. Você reduz a possibilidade de isso acontecer se conseguir realmente visualizar os resultados em sua mente.

Um conselho importante: "Tome nota de tudo ao longo do processo." Existe uma relação direta entre o tanto que você escreve a respeito de seu projeto, ou tarefa, e a probabilidade de ser bem-sucedido nele. Quanto mais você escreve, maiores são o seu comprometimento e a possibilidade de sucesso.

Qual é a razão disso? Simples. Escrever ajuda a esclarecer as idéias. Seus projetos ou seus objetivos se tornam mais reais à medida que você os coloca no papel. E também porque nós somos criaturas visuais: ver as palavras escritas torna o compromisso mais forte.

Outro recurso interessante é fazer uma marca para efeito de conferência conforme você completa cada etapa. A prova visual de que aquela tarefa foi finalizada faz com que você se sinta realizado. Quanto mais anotações você faz, mais sucesso obtém. Se deixar de descrever alguma etapa de seu plano, pode não receber todo o crédito que merece.

Os três pontos seguintes são essenciais na hora de estabelecer objetivos:

Entenda como sua tarefa se encaixa no cenário mais amplo: Conheça os objetivos de sua equipe, de sua unidade de negócios e de sua empresa. Só então decida como você deveria estar ajudando a atingir esses objetivos.

Saiba o que seu líder valoriza: É o seu chefe que autoriza seus cheques de pagamento, que avalia seu desempenho e que toma as decisões sobre aumentos e promoções. Assim, o que é mais importante para a pessoa mais importante? Se você não souber a resposta, como vai estabelecer suas próprias prioridades?

Pergunte aos seus clientes internos e externos quais são as suas expectativas: Provavelmente você vai receber insights valiosos sobre quais resultados você deveria buscar com seus objetivos.

"Você precisa ter muito cuidado se não souber para onde está indo, porque pode não chegar lá."

YOGUI BERRA

SEJA OTIMISTA

PENSE DE FORMA REALISTA

Qual é a principal razão de as pessoas não atingirem seus objetivos ou não conseguirem cumprir seus prazos? Simples! Elas não admitem eventuais erros, interrupções e eventos inesperados.

Por isso é tão importante tentar antecipar obstáculos ou mudanças potenciais ainda em seus estágios iniciais ou, no mínimo, antes que ocorram. E conferir constantemente seu progresso e o de sua equipe. Quando você identifica algum problema o mais cedo possível, consegue criar um plano para evitá-lo, ou resolvê-lo antes que se instale.

É bom ser otimista, mas, às vezes, na hora de estabelecer as próprias metas, as pessoas agem como se nunca nada tivesse dado errado. É essencial ser realista e reconhecer a possibilidade de surgirem problemas.

Na verdade, o ideal seria identificar todas as possibilidades de as coisas saírem errado e desenvolver planos contingenciais para enfrentá-las. Ter um plano B é sempre recomendável.

Quando alguém lhe passar um trabalho, não hesite em fazer tantas perguntas quantas quiser até entender exatamente o que é o projeto e o que se espera dele.

Há situações em que trabalhar hipoteticamente é a melhor

maneira de aprofundar o entendimento. Se for esse o caso, apresente suas suposições a quem lhe passou o projeto e prepare-se para fazer uma revisão semanal do trabalho, com as devidas modificações, caso seja necessário.

Quando você admite a possibilidade de as coisas não darem certo, se sente mais confiante na própria capacidade de cumprir os prazos e alcançar os objetivos. A partir daí, você tem todo o direito de ver as coisas pelo lado bom.

Para ser capaz de entregar um projeto no prazo, é importante acreditar que você tem capacidade para isso. Certifique-se de que seus objetivos são possíveis e que seu cronograma é realista.

É melhor prometer menos e fazer mais do que criar expectativas excessivas e deixar todo mundo frustrado.

E se bater aquele medo de não conseguir cumprir o que prometeu? Para começar, não se queixe. Ninguém gosta de gente que fica reclamando.

Encontre uma solução ou elabore um plano alternativo antes de falar com a pessoa responsável. Explique por que você considera o projeto possível e apresente a sua saída para a questão.

Quando você assumir um projeto, comporte-se da seguinte forma:

Tire proveito de sua experiência: Reflita sobre projetos com as mesmas características. De que jeito você poderá empregar essa experiência para planejar o novo projeto e torná-lo um sucesso?

Analise os problemas anteriores: O que foi que deu errado nesses projetos? Não esqueça as sábias palavras do filósofo espanhol George Santayana: “Aqueles que não conseguem recordar o passado estão condenados a repeti-lo.” Evite repetir os problemas que prejudicaram esses projetos anteriores.

Considere os recursos de que vai precisar: Do que e de quais pessoas você precisará para fazer o trabalho? O que ou quem lhe poderá ser útil?

"Comunique suas expectativas aos outros, para que eles saibam o que precisam fazer a fim de ajudá-lo a atingir os seus objetivos. Também pergunte de que forma você e seu grupo podem levá-los a alcançar suas próprias metas."

COMECE AGORA

PROGRAME SEU TRABALHO

Algumas pessoas tendem a ser ágeis e rápidas na realização das tarefas e projetos que aparecem. Outras preferem adiar o mais que podem sua participação. A sabedoria popular contempla as duas atitudes sem preconceitos, como atestam os ditados "Quem não arrisca, não petisca" e "A pressa é inimiga da perfeição".

A tendência para deixar sempre tudo para depois é, sem dúvida, um problema (que será discutido na próxima lição), mas é igualmente complicado iniciar qualquer ação sem o planejamento apropriado. Todos nós conhecemos o perigo de assumir a postura de "preparar, apontar, fogo". Afinal, é o tipo de abordagem que nos leva a cometer erros e a criar problemas, algumas vezes desperdiçando recursos e frustrando os outros.

Mas atirar-se entusiasticamente a um projeto também não é a solução. Especialmente quando depois da reação inicial a pessoa começa a andar mais devagar, ou acaba parando totalmente, à medida que se sente assoberbada pelo trabalho.

Ambas as questões – adiamento e precipitação – podem ser evitadas, ou superadas, da mesma forma: pelo planejamento.

A principal razão por que as pessoas adiam e transferem as tarefas para "outro dia" é que o trabalho lhes parece muito envolvente e difícil de ser realizado. Por isso, a maneira mais eficiente de se lidar com esse problema ainda é a antiga estratégia militar de dividir para conquistar.

Separe as grandes empreitadas em etapas – lembre-se: quanto mais difícil o trabalho, tanto menores as divisões. Todos já escutamos o velho ditado: "A viagem mais longa começa pelo primeiro passo." Portanto, dê um passo pequeno, o mais fácil e rápido possível.

Se você achar que está estressado ou que está trabalhando demais, e que talvez não tenha condições de se comprometer por mais de 15 minutos de cada vez, faça com que a próxima etapa tenha uma duração menor que isso.

Se a sua agenda está tão apertada que você fica tentado a adiar o projeto, faça um planejamento de quantas horas/dia você pode dedicar ao projeto e divida-o em tantas etapas quantas forem necessárias. Para cada pequena etapa, estabeleça uma cronologia de entrega e um prazo final, além do(s) resultado(s) desejado(s) e razão, ou razões, para sua execução. Quanto mais específico for o seu plano, mais real se tornará cada tarefa e mais racionalmente você organizará cada uma dessas etapas. As três sugestões abaixo deverão ajudá-lo a planejar seu trabalho ainda com mais eficiência:

Escreva seu plano nos mínimos detalhes: Escrever detalhadamente o projeto facilita a execução de cada etapa.

Comunique-se: Esse é um fator-chave no planejamento de tarefas e de projetos e na conquista de suas metas. Como já recomendamos antes, comunique suas expectativas aos outros de tal modo que eles saibam o que precisam fazer para ajudá-lo a alcançar seus objetivos. Além disso, a troca de informações demonstra e reforça o seu comprometimento.

Crie recompensas para cada etapa do projeto: Todo sucesso deve ser recompensado. Assim, estabeleça um prêmio para cada passo bem-sucedido, e que seja proporcional à importância da etapa alcançada.

"Um plano sem ação é um devaneio; uma ação sem plano é um pesadelo."
PROVÉRBIO JAPONÊS

NÃO TENHA PRESSA

NÃO FIQUE ADIANDO AS COISAS

A melhor maneira de evitar o hábito de deixar para depois o que pode fazer hoje é subdividir a tarefa de forma que seja possível trabalhar um pouco nela todos os dias. Há casos, porém, em que nem o melhor planejamento evita essa tendência. Todos nós procrastinamos de alguma forma.

É por isso que temos de agir de acordo com as dicas abaixo:

- Perceber quando estamos adiando algo e entender o porquê
- Identificar que atividades preferimos realizar no lugar daquelas que estamos protelando
- Determinar etapas para administrar e superar o hábito de deixar sempre tudo para depois

Para saber se você faz parte do time que está sempre postergando as coisas, veja se algum pensamento abaixo lhe parece familiar:

A tarefa é desagradável. A tarefa é difícil. Estou assoberbado: tenho serviço demais. Sou interrompido o tempo todo. Não sou organizado o suficiente. Não tenho as informações necessárias. Não estabeleci meus objetivos claramente e por escrito. Não estou com vontade de fazer isso. Não tenho interesse em completar essa tarefa. Agora eu não tenho tempo. Estou sem energia agora. Não precisa ficar pronto por enquanto.

Agora, reflita e identifique quais são as atividades que o afastam das tarefas que você precisa finalizar. Você pode ter suas predileções, e são justamente essas as razões que podem estar impedindo você de aproveitar ao máximo seu potencial.

Reserve um minuto do seu tempo e faça uma lista das atividades que você prefere realizar quando tem outros compromissos agendados – você poderá aprender algumas coisas interessantes a respeito de si mesmo.

Talvez você se sinta motivado pela urgência. As pessoas reagem à pressão por motivos variados. Basta o telefone tocar ou alguém bater à porta que elas largam tudo o que estão fazendo para atender o novo pedido ou exigência. Elas adoram apagar "um incêndio", pois são movidas a adrenalina. As emergências fazem com que se sintam mais vitais, heróicas mesmo.

Mas não esqueça que elas raramente recebem crédito ou são promovidas por isso: elas permanecem exatamente onde estão, porque sempre haverá novos incêndios para apagar. Quem resolve o problema que deu origem à emergência já tem mais chance de promoção – afinal, é preciso que alguém resolva os problemas urgentes que surgirem em outros lugares.

Seguem abaixo três sugestões para ajudar a fugir da tendência de adiar as coisas:

Trabalhe sempre na parte da manhã: É provável que você tenha mais energia e capacidade de concentração no período da manhã. É tentador resolver primeiro todos os assuntos urgentes – leia-se "incêndios a serem apagados" – e só então voltar-se para as tarefas agendadas. Esse é, provavelmente, o pior momento para fazer isso, pois você corre o risco de nem começar a trabalhar no que é essencial.

Crie sua própria motivação: Resista às pressões externas com sua própria urgência interior – a importância de seu projeto, a necessidade de cumprir cada tarefa conforme o planejado e o apelo das recompensas que você estabeleceu para si mesmo. Essa estratégia é especialmente eficaz se você acha que rende mais quando trabalha sob pressão.

Relaxe: Não, não pare de trabalhar duro. Apenas tente ser menos "viciado em adrenalina". As pessoas que deliberadamente trabalham sob pressão prosperam na adversidade. Mas esses heroísmos individuais podem não funcionar bem com sua equipe, menos ainda com seus superiores.

"Os adiamentos tornam difíceis as coisas fáceis, e as difíceis ainda mais difíceis."

MASON COOLEY

FAÇA LISTAS PARA TUDO

UTILIZE UMA AGENDA GERAL

Depois que você tiver estabelecido seus objetivos, torna-se mais fácil priorizar suas tarefas por ordem de importância. Não basta arranjar tempo para o que é mais importante; é preciso também dar um jeito de cuidar dos itens menos importantes de sua lista.

Talvez você esteja empregando uma agenda de papel, ou uma agenda eletrônica – não importa. Nosso foco aqui é a melhoria de suas habilidades organizacionais e sua crescente eficiência, seja lá qual for o sistema que você estiver usando. Sendo realista, o fato é que, se você não conseguir se organizar, vai parar de tentar. E, se perder muito tempo tentando se organizar, vai acabar desistindo.

As novas ferramentas que lhe recomendamos não constituem uma lista tradicional com compromissos e pendências. Esqueça tudo o que já sabe a respeito de listas de obrigações e aprenda a usar as duas peças fundamentais do organizado-padrão: a agenda geral e a agenda diária.

A agenda geral engloba a movimentação de uma semana inteira, por isso o ideal é ter sempre à mão um bloco de papel para anotar todo tipo de coisa (atividades, comentários, ações, etc.). Já a versão diária prevê apenas uma folha de papel, onde você planeja um número realista de atividades a serem executadas. Juntas, a agenda geral e a agenda diária substituem a lista de tarefas tradicional. Veja como organizar uma agenda geral:

1. Tenha somente uma agenda de compromissos: Uma agenda geral substitui tudo que você estiver usando, ou seja, anotações em *post-it*, bloquinhos soltos, bilhetes, etc. Consolide as informações profissionais e pessoais em um só lugar.

2. Anote seus pensamentos à medida que forem surgindo: Isso garante que você não vai deixar passar nenhuma idéia, e ainda mantém a mente livre e pronta para entrar em ação. Se você não puder anotar na hora em sua agenda geral, passe um e-mail para si mesmo ou deixe um recado em sua secretária eletrônica.

3. Organize a lista de forma prática: Deixe uma linha de espaço entre os itens, para que seja possível incluir anotações adicionais sem que fique tudo amontoado. Isso facilita a leitura e é muito útil nas situações em que você precisa ver quais atividades serão transferidas para a agenda diária.

4. Estabeleça a agenda para uma semana: Reescreva sua agenda geral todas as sextas-feiras. Depois, arquive a agenda da semana anterior como referência para a revisão anual.

5. Prepare a agenda do dia seguinte no final de cada dia: Transfira para a agenda diária apenas as atividades que realmente precisam ser realizadas naquele dia.

Seguem mais algumas sugestões sobre o uso de uma agenda geral:

Anote os detalhes: Quando estamos sobrecarregados de trabalho, a atenção aos detalhes é a primeira habilidade a desaparecer, embora seja uma das mais valiosas, pois economiza tempo e evita mal-entendidos. Quer você acredite que "o diabo são os detalhes" ou que "Deus se encontra nos detalhes", manter-se atento às minúcias é crucial.

Seja rápido, espontâneo e descontraído: Não tente estabelecer prioridades ou organizar as anotações logo no início. Isso fica para depois. Considere as notas como o seu "banco de idéias".

Separe alguns minutos ao final de cada dia para se preparar para o dia seguinte: Durante os últimos 15 minutos antes de encerrar o expediente de trabalho, não atenda o telefone, não responda e-mails e esvazie ao máximo a cabeça de pensamentos e preocupações. A idéia é encerrar uma etapa do seu dia, fazer uma separação mental entre o trabalho e a vida pessoal. Levar trabalho para casa, mesmo que seja apenas dentro de sua cabeça, não favorece o desempenho profissional e certamente atrapalha sua vida. Além disso, organizar não gasta muita energia, de modo que é a tarefa perfeita para encerrar o dia de trabalho.

"É mais importante saber para onde você vai do que chegar lá rapidamente. Não confunda atividade com realização."

MABEL NEWCOMBER

FAÇA TUDO O QUE PUDER AGORA

GERENCIE SUA AGENDA GERAL

Como foi mencionado antes, não tente planejar enquanto está tomando notas ou no encerramento do dia de trabalho. Qualquer programação que você fizer no final do expediente deverá ser flexível. De preferência, o melhor é organizar e estabelecer prioridades no início de cada manhã, enquanto você está verificando seus memorandos, seus recados na secretária eletrônica e seus e-mails.

Revise sua agenda geral ao longo do dia, mas deixe para o final de cada dia a tarefa de separar os itens que precisam ser reagendados. Feita a triagem, transfira para a agenda diária o que precisa ser feito no dia seguinte.

O ideal é manter a rotina de reescrever a agenda geral apenas uma vez por semana, às sextas-feiras. É o dia menos produtivo da semana. Desse modo, você planeja uma semana de cada vez, não somente hoje e amanhã. E ainda economiza tempo, uma vez que não precisa passar os itens da "lista de hoje" para a "lista de amanhã" ao final de cada dia.

Além disso, o planejamento semanal diminui o estresse diário provocado por mudança de prazos e adiamento. Você não se sente tão desencorajado porque não realizou o suficiente – ao contrário, você se sente cobrado a realizar mais.

Aceite a realidade de que você não vai conseguir cumprir a meta e riscar todos os itens de sua lista no final do dia. Reduza a pressão. Não fique trabalhando até mais tarde, pois não existe uma correlação entre o número de horas trabalhadas e a produtividade.

Na sexta-feira, quando for atualizar sua agenda geral, aproveite para avaliar seu desempenho. Compare os itens que você finalizou com os que estão sendo transferidos para a agenda da próxima semana. Será que dá para aprender alguma coisa com o resultado dessa lista?

Não se esqueça de arquivar a velha agenda geral para qualquer verificação, ou mesmo para a época da revisão.

É importante manter sua agenda disponível e acessível. Isso ajuda a reduzir os "assaltos nos corredores", situações em que você está se dirigindo para algum compromisso e alguém, no meio do caminho, pergunta se "você tem um minuto". Estando com a agenda na mão, é provável que você consulte seus compromissos e veja quando será possível encaixar o encontro.

É assim que se aprende a ter disciplina no gerenciamento de tempo. Não permita que solicitações repentinas e qualquer outro tipo de imprevisto tenham prioridade sobre os itens que já se encontram em sua agenda. Não premie as interrupções nem deixe que assumam o controle da situação.

Seguem três sugestões para você usar sua agenda geral com eficácia:

Coloque o meio-dia como prazo final: Isso irá motivá-lo a realizar mais durante a manhã e lhe permitirá sentir menos pressão no restante do dia – 90% de todos os ganhos de produtividade ocorrem durante a manhã.

Aplique o "Princípio Vegetariano": Considere as tarefas que fazem bem a você e a sua carreira, e que você está sempre adiando, como as "hortaliças" – ou seja, como alimentos saudáveis e que fazem bem à saúde, mas que ninguém quer comer. Tente iniciar o seu dia com uma "hortaliça profissional" e faça um esforço para comer outra antes do meio-dia.

Equilibre sua agenda geral com itens de natureza pessoal: Você precisa administrar sua vida do mesmo modo que administra sua carreira. Para isso, é mais simples adotar um único sistema. Você se sente completo.

"As pessoas me perguntam como é que eu consigo administrar meu tempo tão bem. É fácil. Às sextas-feiras eu examino cuidadosamente o que realizei durante a semana e defino o que posso fazer melhor e mais rápido na próxima semana."

USE UMA AGENDA DIÁRIA

Você pode utilizar sua agenda geral ou uma agenda eletrônica do tipo que vem embutido no Microsoft Outlook, no Lotus Notes ou no Novell GroupWise.

No final de cada dia, escolha entre duas e seis tarefas de sua agenda geral e coloque-as na previsão do dia seguinte. O número de tarefas vai depender de quantas reuniões, prazos e outros compromissos você já tiver em sua programação, e de quanto controle terá sobre o seu dia.

É comum chegar ao trabalho e encontrar duas ou três novas tarefas em sua lista de e-mails, sem contar os recados na secretária eletrônica, em geral mais dois ou três pedidos e projetos anunciando que o dia vai ser cheio.

A saída é procurar somente as "hortaliças" escondidas entre tantos e-mails e recados telefônicos. Compare-as com os itens que já se encontram em sua agenda diária, depois coloque uma estrela antes das duas maiores "hortaliças" de sua lista – em geral, elas respondem por 80% do valor de tudo o que estava programado.

Construa seu dia ao redor dessas duas tarefas e tente "ir apagando os focos de incêndio" que surgirem ao redor delas, de tal modo que possa completá-las. Pegue uma logo no início da manhã, de modo a conseguir entregar tudo pronto antes da hora do almoço. Não adianta deixar para a tarde, pois elas vão ocupar não só sua manhã como também sua cabeça.

Pense nas demais solicitações como um "recheio" entre as duas "hortaliças". Isso lhe dará margem de manobra e flexibilidade, mas o ideal é não transferir os itens que constam de sua agenda diária para o dia seguinte. Se isso acontecer, é sinal de que você pode estar planejando fazer coisas em excesso, ou então está sendo otimista demais com relação à realidade de sua situação.

As emergências vão aparecer e interferir com os prazos, isso é inevitável. Mas, se você começar o dia com uma "hortaliça" e completar outra antes do almoço, a pressão sobre você vai diminuir – afinal de contas, os imprevistos não destruirão seu planejamento para o dia inteiro.

O que você prefere? Uma manhã fácil, seguida de uma tarde difícil, ou uma manhã difícil com a tarde mais fácil? A escolha é sua.

Gerencie melhor seu dia seguindo as três indicações abaixo:

Faça pausas entre as tarefas: Se você tirar alguns momentos para descansar e "trocar de marcha" depois da cada tarefa cumprida, vai trabalhar de forma bem mais produtiva.

Trabalhe de acordo com seus ciclos de concentração: Há estudos demonstrando que seus ciclos de concentração duram, em geral, cerca de 1h30. Ou seja, a cada ciclo é aconselhável fazer uma pausa de 10 minutos para recarregar as baterias. É um bom momento para ir tomar um café e/ou realizar uma tarefa fácil, ou então tratar de alguma coisa que já se encontre em sua agenda geral e que você estava mesmo com vontade de fazer.

Faça render sua manhã: Aplique o "Princípio Vegetariano" e complete uma ou duas tarefas principais durante a manhã. Você estará mais focado, terá mais energia, será mais ágil e cometerá menos erros. Feito isso, vai descobrir que o resto de seu dia fluirá com mais tranqüilidade, porque essas duas grandes tarefas já ficaram para trás.

"Não existe correlação entre o tempo que você permanece sentado em sua mesa de trabalho e as tarefas que realiza."

FAÇA UMA LISTA DE PENDÊNCIAS

PLANEJE O USO DE SUA ENERGIA

No final de cada dia, quando estiver programando a agenda do dia seguinte, inclua uma manhã superprodutiva. A pessoa comum começa o dia gastando entre uma e três horas respondendo e-mails, verificando os recados na secretária eletrônica, respondendo a chamadas telefônicas ou verificando coisas com o chefe, com outros colegas ou com seus subordinados – ou seja, construindo relacionamentos.

Reduza o tempo dedicado a tudo isso: no máximo, 30 minutos, para poder apanhar sua primeira "hortaliça" mais cedo. Isso é disciplina!

Procure identificar nos e-mails e nas mensagens gravadas em sua secretária apenas o que for considerado essencial. Depois, feche o programa de e-mails, diminua o áudio da secretária, coloque seu telefone em resposta automática e dedique-se à sua lista de tarefas pendentes.

Dedique uma hora à sua "hortaliça" mais importante. Adie todas as interrupções para poder se concentrar nela. Ao terminar, volte a verificar seus e-mails e recados e se permita ser interrompido. Reserve uma hora para atender a tantas solicitações quantas puder.

Depois desse intervalo, feche de novo o programa de e-mails, pare de atender o telefone, não aceite mais interrupções e trabalhe durante a próxima hora em sua segunda "hortaliça" mais importante.

Ao terminar essa segunda empreitada, responda os e-mails de baixa prioridade e receba as novas mensagens telefônicas. Mas trate de retomar o controle de seu tempo antes de sair para o almoço.

Outra dica: só saia para almoçar quando as pessoas que costumam interrompê-lo já estiverem voltando. Isso reduz em uma hora ou duas o tempo disponível para que elas o interrompam. E não trabalhe enquanto estiver comendo nem faça lanches em seu escritório.

Empregue a mesma abordagem, a mesma estrutura e a mesma disciplina durante o período da tarde. Se distribuir suas tarefas ao redor das duas "hortaliças" mais importantes, trate de reunir as pequenas tarefas (como telefonemas e e-mails) em blocos e não deixe que as interrupções e as emergências ditem o ritmo.

Fazendo isso, você consegue trabalhar de forma mais inteligente, sem precisar se esforçar excessivamente. E saiba que ficar trabalhando até tarde só vai fazer com que, no dia seguinte, você ache mais difícil retornar ao trabalho na hora certa, sentindo-se renovado para uma manhã cheia de energia. Passe os últimos 15 minutos de cada dia planejando o que vai fazer no dia seguinte.

A manhã de segunda-feira é crítica. Se você começar bem, é provável que a semana inteira transcorra de forma mais harmoniosa. Nunca marque reuniões ou conferências telefônicas para o começo das manhãs de segunda-feira.

Não planeje demais. Temos a tendência para superestimar em 20% o tempo que determinada tarefa vai levar. Se você não abrir espaço para reuniões de última hora e problemas imprevistos, vai acabar se estressando e falhando no cumprimento de suas tarefas.

Tire vantagem de seus ciclos energéticos: Existem três ciclos de energia ao longo do dia. Para 75% das pessoas, eles são decrescentes: o pico energético mais forte acontece pela manhã, à tarde ele enfraquece e à noite está terminando. Use sua manhã com mais eficiência e evite ficar trabalhando até mais tarde.

Prepare sua agenda de maneira inteligente: Quando estiver planejando seu dia, procure formas de estruturá-lo melhor para poder trabalhar com mais disciplina. Resolva as "hortaliças" na parte da manhã, deixando espaço à tarde para interrupções e eventos não-planejados.

Comece mais cedo e saia na hora: Isso é mais inteligente do que começar na hora e sair mais tarde. Você pode realizar mais coisas antes que os outros cheguem e passar mais tempo com as pessoas de que você gosta. As famílias percebem quem volta tarde da noite e se ressentem.

"Levei muito tempo para perceber que as pessoas aproveitavam meus momentos mais produtivos para cumprir suas tarefas e resolver seus problemas. Com isso, elas reduziam meu período mais produtivo do dia a quase nada – e o pior é que eu estava deixando."

SIGA SEUS INSTINTOS

DEFINA SUAS PRIORIDADES

O primeiro passo para estabelecer prioridades é tomar nota das coisas que consomem o seu tempo durante uma semana, tanto no trabalho como em casa. Quais tarefas você está cumprindo e como as está escolhendo? A partir das respostas a essas perguntas, você está apto a empregar o "Método ABC", ou então a estabelecer uma Matriz de Decisão a fim de criar um ranking de prioridade para suas tarefas.

O Método ABC é simples:

Uma tarefa A é aquela que você *tem* de fazer agora: *o prazo final é hoje, é importante para o seu chefe;* vai lhe dar *visibilidade* e salientar suas habilidades, além de ser *vital para as necessidades de seus clientes, de seus colegas e dos membros de sua equipe.*

Uma tarefa B é aquela que você *deveria* fazer agora: corresponde aos critérios das tarefas A, com a diferença de que o prazo final não é hoje.

Uma tarefa C é aquela que você *gosta de fazer:* em geral é algo em que você sempre procura se envolver sempre que tem tempo sobrando.

Ao estabelecer prioridades, é preciso saber por que algumas tarefas são mais importantes que outras e quando deverão ficar prontas. Não presuma o que as pessoas querem dizer só pelo tom de sua voz ou por quem está ao seu redor. Simplesmente, pergunte: “Para quando você realmente precisa disso?”

No caso oposto, quando é você quem precisa de alguma coisa dos outros, deve dizer-lhes claramente o prazo e a razão da necessidade. Isso vai ajudá-los a estabelecer prioridades e a entender melhor o compromisso que assumiram com você.

A Matriz de Decisão é semelhante ao Método ABC. O quadrado superior esquerdo se destina às tarefas importantes e com prazos apertados (A). O quadrado superior direito é reservado às tarefas importantes, mas com um prazo mais elástico (B). O quadrado inferior esquerdo é para tarefas menos importantes mas que também são urgentes (D). O quadrado inferior direito fica destinado às tarefas menos importantes e que podem ser finalizadas assim que você tiver tempo para elas (C). As tarefas da coluna esquerda têm de ser terminadas hoje: se você planejar com eficiência, estará trabalhando nas tarefas do canto superior direito antes que elas passem para o canto superior esquerdo.

	Para hoje:	Para mais tarde:
Importantes	**Tarefas A**	**Tarefas B**
Menos importantes	**Tarefas D**	**Tarefas C**

Tudo isso parece simples, mas algumas vezes, apesar das melhores intenções, escolhemos uma empreitada por motivos que desafiam os critérios lógicos. Costumamos optar por coisas fáceis, por algo que nos interessa ou por aquilo que estão nos cobrando.

Analise os projetos que você costuma fazer primeiro, a fim de entender melhor o que o motiva. Quanto mais depressa você escolhe e finaliza um trabalho relacionado a seus objetivos, mais depressa você voltará para casa.

Além disso, suas chances de ser promovido por completar "hortaliças" são maiores do que as decorrentes de realizar tarefas fáceis ou de resolver problemas urgentes.

Ao estabelecer prioridades, não esqueça de:

Pensar a respeito de cada tarefa antes de fazer sua escolha: Como escolher a tarefa mais importante de acordo com cada um dos métodos explicados aqui? Só leva alguns momentos para fazer a melhor escolha – e você se comportará com maior segurança.

Dividir os projetos em partes menores: Esse conselho já foi dado antes, mas nunca é demais repeti-lo. Já que freqüentemente optamos pelas tarefas mais fáceis e simples, podemos protelar os projetos – a não ser que eles estejam divididos em blocos menores e possam competir com as tarefas menos importantes.

Saber o que é importante para seu líder: Isso deverá ajudá-lo a estabelecer prioridades, caso você não consiga decidir pela avaliação das tarefas em termos de objetivos.

"A razão número 1 por que as pessoas não estabelecem corretamente as suas prioridades é que elas não dispõem das informações necessárias: por que as tarefas são importantes e quando devem ficar prontas."

ESPECIFIQUE E NEGOCIE

Conforme dissemos na introdução deste livro, o segredo para o gerenciamento de tempo está na seguinte questão: *Por que* você age assim *quando* realiza determinada tarefa?

A fim de priorizar as coisas adequadamente, você precisa saber por que uma tarefa é importante e quando deve ficar pronta. Se a pessoa que está lhe passando o trabalho não disser, pergunte. Ao pedir mais especificações, você a está ajudando a conseguir o que precisa no prazo certo.

Algumas vezes parece que cada tarefa tem a mesma prioridade: afinal, todas são vitais e urgentes. Na verdade, isso deveria ser razão suficiente para que se começasse a fazer alguma coisa. Mas a verdade é que, quando alguém lhe delega uma tarefa e diz apenas que é "importante" e que o prazo de entrega é "o mais rápido possível", você está dando a essa pessoa o controle sobre seu tempo.

Quando você recebe mais de uma tarefa de cada vez, está deixando o gerenciamento de seu tempo para a personalidade e/ou poder dessas pessoas, que podem até, quem sabe, estar brincando de "uni, duni, tê, salamê, mingüê" na hora de escolher qual tarefa querem ver realizada primeiro.

Se insistirem que a tarefa é urgente, urgentíssima, tente arrancar uma definição: "Qual é o prazo máximo que eu tenho para entregar isso?" Se for apertado demais diante de tudo com que já está comprometido, negocie um prazo maior.

Mesmo quando você acha que pode dar conta da tarefa "para ontem", é recomendável considerar um margem de segurança. Se tudo correr bem, você pode entregar antes do prazo e impressionar bem a outra pessoa: isso é melhor do que se comprometer com um prazo apertado e atrasar a entrega.

Do mesmo modo que você mesmo deve ser informado das razões e do prazo de entrega, para poder estabelecer suas prioridades da maneira adequada, saiba que os outros agem de modo semelhante. Quando for a sua vez de pedir alguma coisa, diga para quando precisa e por quê. É preciso explicar o trabalho detalhadamente para que os outros possam dar a devida prioridade.

Quando você diz algo vago como "o mais rápido possível", em vez de dar um prazo de entrega e uma razão para a pressa, o provável é que seu pedido entre na fila e só comece a ser feito depois das tarefas que chegaram com prazos e razões específicos... quem sabe, depois da pessoa ter se dedicado a uma série de outras tarefas mais fáceis ou mais interessantes. Como ela poderia estabelecer as devidas prioridades, se não recebera um prazo específico nem sabia a importância da tarefa?

Peça detalhes quando receber um projeto: Por que eles querem que você faça isso? Quando eles querem que fique pronto? Se não lhe disserem, então pergunte. Sem essas informações, como pode estabelecer suas prioridades?

Seja o treinador, mas aja como um policial de trânsito: Controle o fluxo de tarefas e administre seu tempo com eficiência.

Você só poderá fazer isso se tiver razões específicas e prazos exatos para executar as incumbências que receber.

Tome nota da tarefa por escrito e faça uma marcação especial para o prazo: Quando você se comprometer a realizar um trabalho, cumpra sua palavra. É a coisa certa a fazer, pois, se você falhar, provavelmente não vai conseguir negociar da próxima vez.

"As pessoas bem-sucedidas aprenderam a negociar, de modo que as interrupções ou solicitações se encaixem em seu planejamento diário. Será que você consegue criar uma situação em que todos saiam ganhando?"

SEJA POLIVALENTE

FAÇA UMA COISA DE CADA VEZ

A maior parte das pessoas tenta fazer várias coisas ao mesmo tempo. Não obstante, os estudos demonstram que as mais bem-sucedidas fazem somente uma coisa de cada vez, pois perceberam que assim gastam menos tempo do que pulando de uma tarefa para outra.

Manter o foco em uma única função permite maior poder de concentração, mais rapidez na realização das tarefas cotidianas e menos erros cometidos. É preciso ter disciplina e método, mas os resultados valem o esforço.

Uma apropriação do mundo dos computadores – máquinas multitarefa por excelência que, ainda assim, algumas vezes param de funcionar ou "dão pau" –, a polivalência e a versatilidade são consideradas grandes habilidades, sendo até citadas como requisitos para se obter determinados empregos.

A verdade, porém, é que executar diferentes tarefas é uma forma ineficiente de lidar com os problemas provocados pelo mau gerenciamento de tempo.

Como você evita isso? As pessoas de sucesso o fazem de duas maneiras, dependendo da importância e da urgência da tarefa apresentada.

Caso a interrupção tenha prioridade sobre o que você está fazendo no momento, aceite. Anote os pensamentos ou idéias importantes que lhe ocorrerem a respeito do trabalho que estiver executando e registre o ponto em que parou.

Só então guarde tudo no arquivo geral e recoloque o tema em sua agenda diária *antes de* atender à nova solicitação. Seja metódico.

Se a interrupção não for tão importante assim, termine o que está fazendo antes de avaliar a solicitação que acabou de chegar. Pode ser que ela seja menos urgente que todas as outras tarefas que já se encontram em sua programação.

Lembre-se de que quem é bem-sucedido se esforça ao máximo para finalizar seus pensamentos, tarefas, ou quaisquer outras obrigações em que esteja envolvido, antes de assumir um novo encargo. Isso evita o processo de "começa/pára, começa/pára" em que muita gente se enreda o dia inteiro. E que é uma das grandes causas da queda de produtividade no trabalho.

Se você se sentir compelido a executar multitarefas, saiba como escapar dessa armadilha:

Obtenha informações específicas: Por que preciso realizar essa tarefa? Qual é o prazo final para completá-la?

Verifique sua agenda geral: Em vez de aceitar o pedido automaticamente, verifique sua agenda geral e analise a prioridade dessa nova tarefa em relação a todas as outras tarefas que já se encontram em sua programação.

Consulte seu superior imediato: Quando sua agenda está superlotada e a pessoa que lhe passou a tarefa alega se tratar de "uma oferta irrecusável", peça a seu chefe que decida em que ordem você deve cumprir suas obrigações. Algumas vezes, personalidade, posição e poder entram em competição com as reais prioridades.

"Ser polivalente significa ter a capacidade de estragar uma porção de coisas ao mesmo tempo."

MENSAGEM EM RODAPÉ DE E-MAIL

TRABALHE MAIS HORAS POR DIA

ENCONTRE MAIS TEMPO PARA VOCÊ

Se você quiser diminuir seu expediente de trabalho e chegar em casa duas horas mais cedo, terá de eliminar o equivalente em atividades e compromissos. Você não vai conseguir cortar essas duas horas em um único item; o mais provável é ir ganhando 10 minutos aqui e 30 minutos lá adiante, até completar os 120 minutos.

Comece examinando de que forma está gastando seu tempo. Olhe todos os assuntos registrados em sua agenda geral e em sua agenda diária e considere as tarefas já realizadas. Enquanto estiver analisando cada registro, faça a si mesmo duas perguntas:

- Será que esta foi a melhor maneira de usar meu tempo?
- Será que eu estava realizando a tarefa correta no momento certo?

O próximo passo é estabelecer categorias para as tarefas que já foram executadas:

- Qual tarefa poderia ter sido eliminada?
- Qual tarefa poderia ter sido realizada em menos tempo?
- Qual tarefa poderia ter sido delegada?
- Qual tarefa poderia ter sido executada ao mesmo tempo que outra?

Essa análise deve ser usada como base para que você desenvolva novas maneiras de gerenciar seu tempo de maneira mais eficiente no futuro. Como planejar, organizar e estabelecer melhor suas prioridades? Será que você está investindo seu tempo de forma dispersa, sem foco no que é mais importante? Tente ser honesto a respeito do que pode melhorar.

O segredo, para a maioria das pessoas, é começar pela manhã. Se você se sente mais energético no começo do dia, então é nesse horário que alcançará as mais altas taxas de produtividade. Se você faz o tipo vespertino, experimente a parte da tarde, de preferência logo após o almoço. Deixar as tarefas importantes para o final do dia, ou mesmo para a noite, normalmente não funciona.

Como você pode organizar seu dia de modo a ser mais ágil, mais organizado e produtivo pela manhã? Faça o planejamento das tarefas a serem realizadas no dia seguinte sempre antes de ir embora para casa. Isso minimiza a perda de tempo natural que todos temos no começo de cada manhã e facilita a tarefa de "construir relacionamentos".

Aqui vão três recomendações para você arranjar mais tempo livre:

Antecipe os problemas: Estabeleça seus prazos de forma realista, sem grandes rasgos de otimismo, e mantenha-se ciente de que as coisas podem dar errado. Essa postura aumenta suas chances de realizar suas tarefas corretamente e sem perda de tempo caso algum problema surja inesperadamente.

Proteja a sua "hora da hortaliça": Você deve desfrutar diariamente pelo menos de duas horas energéticas – é nesse período que você deve investir em dar conta de suas "hortaliças". Em geral, a manhã é o momento mais produtivo.

Reúna atividades análogas sempre que for possível: Pode ser mais eficiente acessar seus e-mails e fazer suas chamadas telefônicas em períodos predeterminados – reserve 15 minutos de manhã e à tarde só para fazer isso, ou aproveite os intervalos entre as tarefas mais importantes para colocar em dia sua correspondência eletrônica.

"Nós nunca vamos ter mais tempo. Nós temos, e sempre tivemos, todo o tempo do mundo."
ARNOLD BENNETT

CONQUISTE SUA MESA DE TRABALHO

Quando nossas mesas de trabalho ficam atravancadas com pilhas de coisas, saímos perdendo, no mínimo, de três maneiras.

São pelo menos 45 minutos gastos todo dia à procura de papéis e documentos que estão socados em algum lugar da mesa, das gavetas ou das prateleiras. Perdemos também o foco quando nossas mesas de trabalho estão atravancadas.

E ainda estamos sujeitos a perder pontos no conceito de nossos superiores, pois um dos itens bastante valorizados nas avaliações profissionais é a aparência do ambiente de trabalho.

Veja como se organizar e assumir o controle de sua mesa:

Tire tudo de cima da mesa: Em outras palavras, "zere" o que está em cima dela. Limpe e esfregue bem para começar de novo, depois vá colocando as coisas de volta, na ordem em que as usa mais. Separe os itens que ficaram desatualizados, os objetos decorativos e os retratos antigos. Jogue fora balas ou doces: eles atraem visitantes.

Coloque o relógio em um lugar bem visível: Sua percepção de tempo e a realidade são quase sempre diferentes. É por isso que nem sempre o relógio de pulso e o horário que aparece no canto da tela de seu computador dão conta de mantê-lo atento à hora (e aos prazos). É mais seguro instalar um relógio de mesa bem à vista.

Organize suas ferramentas de trabalho: Esvazie as gavetas da mesa e faça uma seleção entre canetas, lápis, blocos, pastas, caixas de clipes, etc. Tente recolocar o que sobrou em uma única gaveta, deixando as outras livres para guardar papel, fichários, folhetos, livros de referência e artigos pessoais. Jogue fora tudo o que é supérfluo.

Muitas pessoas usam o tampo de suas mesas como "bloco" de anotações, com diversas listas de coisas a fazer, sendo que às vezes chegam a batizar as pilhas de coisas que "enfeitam" sua mesa de trabalho. Elas se sentem confortáveis ao manter tudo isso à mão. É como se acreditassem no ditado: "O que os olhos não vêem o coração não sente."

Se você faz parte desse time, não vai conseguir manter a mesa limpa a não ser que aprenda a se organizar e incorpore o hábito de anotar na agenda geral cada tarefa que precisa ser finalizada. Ou, ainda, se for capaz de encontrar suas pastas mais depressa em um fichário do que em cima da mesa.

Seguem, abaixo, algumas sugestões básicas para começar uma nova ordem em sua vida:

Conserve em cima da mesa apenas o "presente": A melhor maneira de superar o excesso de papéis é trabalhar apenas com as tarefas em andamento – no máximo, com as que estiverem previstas para as próximas quatro semanas. Mantenha o foco no aqui e agora. É uma atitude mais inteligente e produtiva.

Guarde o "passado": Remova de cima de sua mesa todos os arquivos que forem sendo completados ou que já estiverem encerrados. Você só vai precisar deles para consultas eventuais.

Ponha de lado o "futuro": Retire e guarde em outro lugar qualquer coisa que você só pretende ler, ou usar, no futuro.

> **"A ordem é o melhor gerente do tempo; a não ser que o trabalho esteja organizado adequadamente, perde-se tempo."**
>
> SAMUEL SMILES

ORGANIZE AS COISAS DE VEZ EM QUANDO

ASSUMA O CONTROLE DE SUA MESA DE TRABALHO

Agora que você removeu tudo que atulhava sua mesa e entupia suas gavetas, está pronto para estabelecer uma nova ordem.

Organize o presente em primeiro lugar. Não se preocupe com o futuro nem se incomode com o passado, até colocar tudo o que precisa em seu devido lugar.

Nós adiamos o recolhimento e a classificação em arquivos, primeiro porque as pilhas de papéis sobre nossas escrivaninhas em geral são altas e um tanto assustadoras, mas também porque temos medo de não conseguir achar nada depois que tudo tiver sido arquivado.

Para evitar esse círculo vicioso, é preciso ir diminuindo as pilhas aos poucos. Arquive um pouco no final de cada dia e organize um sistema que funcione de acordo com as suas necessidades. Uma sugestão é guardar as pastas dos projetos que estão em andamento nas gavetas de sua escrivaninha ou em prateleiras ao alcance das mãos e organizá-las em ordem alfabética ou cronológica.

Limite as categorias (o número ideal varia de 7 a 10; acima disso, fica difícil encontrar uma pasta), mas crie classificações abrangentes: informações rápidas (listas de telefones ou e-mails, endereços e outras informações de uso freqüente), projetos atuais (uma pasta para cada projeto), tarefas de rotina, clientes atuais ou potenciais, problemas e assuntos a pesquisar.

Não coloque papéis demais na mesma pasta, caso contrário você vai demorar a achar o que quer. É mais prático criar pastas menores. Jogue fora o que não for mais necessário.

Na hora de classificar as pastas, escolha palavras curtas, porém relacionadas ao assunto, e as escreva em letras garrafais para que sejam fáceis de localizar. Use cores diferentes para cada categoria.

Manuseie seus documentos somente uma vez. Quando mexer em algum papel, anote a categoria em que pretende classificá-lo: se é lixo, se é arquivo morto, se é algum projeto em andamento, etc. Não permita que eles continuem ocupando espaço em sua mesa. Pare de usar pedacinhos de papel para anotar as tarefas em pauta. Empregue a sua agenda geral.

Três idéias para manter sua escrivaninha sob controle:

Coloque apenas uma coisa em cima da mesa por vez: Abra uma nova pasta somente depois de ter arquivado a anterior. Você vai ficar menos dispersivo e mais confortável para trabalhar, já que terá espaço à vontade para espalhar os documentos sobre a mesa.

Recolha e classifique um pouco todos os dias: Fazendo isso, você mantém a situação sob controle. Jogue fora as coisas de que não vai mais precisar. Toda sexta-feira, arranje um tempo para organizar seus papéis; livre-se das coisas desnecessárias. Coloque o passado e o futuro em seu arquivo de referências.

Limpe sua escrivaninha diariamente: Coloque suas pastas em outro lugar. Você se sentirá mais dono da situação tanto ao chegar para trabalhar quanto no encerramento do expediente. E não vai mais se preocupar por ter deixado papéis importantes à vista, nem com a possibilidade de ter documentos danificados caso os chuveirinhos automáticos contra incêndio forem acionados enquanto você estiver fora.

"A ordem é a coisa mais útil na administração de tudo... Seu lema é: um lugar para cada coisa e cada coisa em seu devido lugar."

SAMUEL SMILES

ESTEJA SEMPRE DISPONÍVEL

LIMITE AS INTERRUPÇÕES

A interrupção média leva de seis a nove minutos e ainda lhe tira mais uns quatro ou cinco minutos antes que você consiga se reorganizar. Resultado: depois de três ou quatro paradas, sua concentração no trabalho terá desaparecido completamente.

Para empregar seu tempo com maior eficiência, a saída é limitar o impacto das interrupções. Uma tática eficiente para desencorajar as visitas é modificar a posição de sua mesa de trabalho. Coloque-a de tal modo que você não fique de frente para a porta ou para a janela. O contato visual abre espaço para que as pessoas decidam entrar para dar um oi.

Outra estratégia simples para evitar a permanência mais longa dos visitantes é a retirada de cadeiras extras ou sua ocupação com pilhas de pastas. A maioria das pessoas logo fica cansada e vai embora.

Sempre que possível, mantenha a porta de sua sala fechada na "hora das hortaliças". Uma solução criativa é colocar pendurada em sua porta a fotografia de uma hortaliça ou uma tabela com os horários de seus compromissos e em quais períodos estará disponível.

Não esqueça de anexar um bloco de anotações para que as pessoas deixem recados por escrito nos momentos em que estiver ocupado. Reserve horários específicos para atender sua equipe – e nunca atenda o telefone nem responda e-mails enquanto estiver reunido com algum funcionário.

Se você não puder manter a porta fechada, fuja para um escritório vago ou para uma sala de reuniões. Revele seu paradeiro a poucas pessoas. Crie o hábito de sair de seu escritório pelo menos três vezes pela manhã para indagar aos membros de sua equipe se eles têm alguma pergunta ou se precisam de alguma coisa. Além de mostrar sua disponibilidade, você diminui as interrupções ao longo do dia.

Avalie a importância de cada interrupção:

- Trata-se de alguma coisa que você precisa resolver imediatamente?
- Está relacionada a algum objetivo, prioridade ou projeto-chave em que você está envolvido?
- A solicitação é importante para atender as necessidades de um cliente, colega ou membro de sua equipe?
- É algo de que seu chefe, ou o líder de sua equipe, tem urgência?

Se você não souber a resposta a alguma dessas quatro perguntas, ou não puder resolver alguma questão, não tente contemporizar: encaminhe o problema a quem de direito.

Desenvolva a habilidade de "interromper as interrupções" com delicadeza. A melhor maneira de fazer isso sem precisar usar palavras é se levantar sempre que um visitante entrar. Resista à tentação de se sentar, sob pena de incentivar uma conversa mais longa. Proponha um encontro para mais tarde, a fim de discutirem o assunto sem distrações.

Barulhos também podem atrapalhar o ritmo de trabalho. Se as pessoas começarem a conversar do lado de fora de sua sala, feche a porta ou peça que se reúnam em outro lugar. Se não adiantar, ou não puder ser feito, use fones de ouvido ou tampões anti-ruído.

Reuniões à distância, tipo *conference call*, são outra fonte de interrupção. Se a empresa usar o software de agendamento do computador para saber quando você se encontra disponível, proteja a sua "hora das hortaliças" colocando um aviso de bloqueio – se for necessário, finja que tem uma reunião nessa hora.

Analise as interrupções mais recentes para tentar identificar algum padrão: Com que freqüência você é interrompido? Quando? Como? Será que é possível estabelecer um controle de interrupções?

Abaixo, mais três propostas de caráter geral:

Respeite os outros: Antes de interromper alguém, sempre pergunte se a pessoa tem um minuto disponível. E peça que o comportamento seja recíproco.

Estabeleça um "momento energético": Na próxima reunião com sua equipe, sugira a criação de períodos em que as interrupções e ruídos devam ser reduzidos ao mínimo.

Não permita interrupções: Quando estiver trabalhando com tarefas de alta prioridade, desligue seu telefone e o programa de e-mails. Lembre-se: ou você controla a tecnologia ou ela controla você.

"Sempre avalie suas interrupções. E pergunte a você mesmo: Será que eu preciso realmente resolver isso agora?"

DEIXE QUE SEUS E-MAILS O CONTROLEM

GERENCIE SEUS E-MAILS

E-mails podem ser instrumentos eficientes para pedir informações, fornecer dados solicitados, transmitir novidades, realizar trocas que precisem ser documentadas ou se comunicar com mais de uma pessoa ao mesmo tempo.

Mas não esqueça: o e-mail é frio, impessoal, destituído de emoção. É comum ocorrerem mal-entendidos, pois as pessoas podem interpretar sua mensagem de maneira diversa da que você pretendeu dizer.

Um telefonema é a melhor opção quando o tom e a inflexão da voz são importantes para a mensagem. Idem para as situações em que é preciso dar uma resposta urgente, ou quando o assunto precisa ser discutido, ou mesmo quando há necessidade de privacidade.

Estabeleça horários de sua conveniência para verificar a caixa de entrada de e-mails. Desligue sinais sonoros ou avisos de que tem correspondência para evitar distrações desnecessárias. Peça que lhe telefonem em vez de passar e-mails quando surgirem questões exigindo uma reação rápida.

Ao verificar seus e-mails a cada manhã, procure identificar os mais importantes, que precisam de respostas imediatas. Compare as mensagens com a meia dúzia de "hortaliças" que você colocou em sua agenda diária na tarde anterior, antes de decidir se alguma nova tarefa pode ser classificada como "hortaliça" ou não.

Formate sua caixa de entrada de e-mails de modo que você possa ler imediatamente o assunto e as três ou quatro primeiras linhas da mensagem. Crie pastas eletrônicas para arquivar as mensagens importantes, com títulos como "Providenciar ação imediata", "Em andamento", "Reuniões", "Delegar" e "Projetos". Dentro de cada uma, crie subpastas, sempre respeitando o sistema de classificação de seu arquivo físico.

Resolva logo seus e-mails. Passe os olhos por todas as mensagens e apague os *spams* e outras malas diretas que só fazem tomar tempo. A seguir, responda os assuntos mais importantes. Não conserve mais do que uma mensagem não-respondida em sua caixa de entrada. Arquive as mensagens pendentes nas pastas certas, a fim de manter livre a caixa de mensagens e economizar tempo. Tome nota das mensagens que arquivou.

Não use a sua lista de mensagens recebidas como uma lista de tarefas: vai ser a mesma coisa que empilhar papéis em sua escrivaninha.

Se você observar algum padrão nas mensagens que deletar ou arquivar, crie filtros ou regras de bloqueio que as encaminhem diretamente para a lixeira ou para a pasta certa. Tente retirar seu endereço das listas e *mailings* eletrônicos, a não ser que você realmente precise participar delas.

Veja, abaixo, três outras maneiras de gerenciar seus e-mails com eficiência:

Ensine os outros: Peça às pessoas que coloquem o tema do il na linha "assunto". Também insista para que as três primeiras linhas já lhe dêem as informações necessárias sobre o que elas querem e qual é, especificamente, o seu prazo final.

Evite a multitarefa: Não escreva e-mails ao mesmo tempo que fala ao telefone. Faça uma coisa de cada vez. Isso economiza tempo nas duas pontas, além de permitir cometer menos erros.

Responda prontamente: O ideal é responder seus e-mails no mesmo dia em que os recebe. No mínimo, acuse o recebimento; caso contrário, o remetente poderá telefonar ou seguir enviando mensagens até que você responda. Quando for se ausentar, use o recurso de resposta automática para acusar o recebimento de cada e-mail.

"O e-mail é a forma de comunicação mais imprópria usada no local de trabalho atualmente."

DIGITE E ENVIE, DEPOIS PENSE

CONTROLE OS E-MAILS QUE VOCÊ ENVIA

Crie o hábito de escrever todos os e-mails em 15 ou 30 minutos e enviar o lote em horários predeterminados. Depois, feche a página do seu correio eletrônico e passe para sua próxima tarefa. Eu, por exemplo, prefiro responder minhas mensagens em dois horários diferentes: antes da hora do almoço e no final do expediente.

Redija os seus e-mails de modo a obter os melhores resultados e da forma mais rápida. Em geral, as pessoas levam cinco a dez segundos para decidir se vão responder, arquivar ou apagar um e-mail. Para o destinatário, o importante é saber três coisas:

- Por que eu recebi este e-mail?
- O que eu preciso fazer?
- Até quando eu tenho de responder?

Antes de começar a escrever, defina o propósito de seu e-mail – uma lista resumida do que precisa ou quer discutir é providencial, pois o ajuda a ser conciso, direto e claro.

Preencher a linha "assunto" de modo adequado é um ponto fundamental quando se pretende ter eficiência. Dependendo do que estiver escrito, seu e-mail vai chamar mais ou menos atenção do destinatário. É melhor escolher uma frase como tema, não apenas uma palavra.

Uma dica: as pessoas tendem a lidar primeiro com os e-mails que parecem mais fáceis ou rápidos de responder. Ou seja: seu primeiro parágrafo precisa ter, no máximo, três linhas. Escreva mensagens curtas, com apenas alguns parágrafos, sempre que for possível.

Se for extremamente necessário se estender além do espaço de uma tela (maximizada), opte por incluir um anexo. Isso vai fazer com que seu e-mail pareça mais fácil de ler ou de responder. Naturalmente, a pessoa precisará abrir o anexo para tomar conhecimento de sua mensagem.

Sempre inclua um prazo para a resposta, seja na forma de uma pergunta ou das razões que o levam a estabelecer esse prazo. Marque seu e-mail como urgente se ele for de fato urgente. Exemplo: *Se você concluir essa tarefa até sexta-feira, eu poderei providenciar seu pagamento na semana que vem.*

Escreva suas mensagens como se fossem cartas ou memorandos. Não use abreviaturas ou símbolos nem digite tudo em maiúsculas ou minúsculas. Prefira os formatos básicos; evite papéis de carta estampados e multicoloridos. O estilo e a linguagem devem ser de acordo com o grau de conhecimento que você tem do destinatário e/ou do assunto em pauta.

Não escreva nada que não esteja disposto a dizer pessoalmente. E-mails podem ser usados como prova em processos judiciais; por isso, use o telefone, se o assunto for muito sensível.

Crie uma assinatura que ajude os destinatários: Inclua o endereço de sua casa, seu número de telefone e algum outro e-mail. Não ultrapasse o tamanho de seis linhas; o ideal é menos.

Dê instruções e encaminhe: Se você tiver necessidade de encaminhar mensagens, coloque seus próprios comentários no alto, na linha de assunto ou no primeiro parágrafo. Isso economiza o tempo do destinatário e produz melhores resultados. "PSC" (Para Seu Conhecimento) não diz muita coisa.

Sempre releia o que escreveu antes de apertar a tecla "enviar": Certifique-se de que a mensagem esteja completa, coerente e logicamente organizada. Verifique a gramática e os erros de ortografia. Instale correção ortográfica em seu sistema de e-mails para ajudá-lo a pegar os erros, mas não confie que o programa vá verificar tudo por você.

"Considere cuidadosamente o que você escreve e quem poderá eventualmente ler sua mensagem. Se o presidente da empresa recebesse uma cópia de seu e-mail, o que ele pensaria?"

DEIXE QUE O TELEFONE GERENCIE VOCÊ

GERENCIE AS LIGAÇÕES RECEBIDAS

Telefonemas podem solapar completamente o planejamento de seu tempo. Muitas chamadas são desnecessárias ou demoram mais do que o necessário. O jeito é reduzir o número de ligações que você atende e o tempo de duração de cada conversa.

Mantenha um livro de registro para anotar seus telefonemas durante uma semana. Escreva a hora e a duração, o nome de quem lhe telefonou e o propósito da chamada. Depois, faça uma avaliação: Quais chamadas eram absolutamente necessárias? Você poderia ter transferido algumas delas? Seria possível reduzir o tempo gasto em cada ligação?

Evite atender o telefone durante a "hora da hortaliça", a não ser que seja realmente necessário. Se você tiver um assistente, explique a situação de sua agenda logo no princípio da manhã, de tal modo que ele saiba dar a prioridade certa a quem lhe telefonar. Se você trabalhar sozinho, ligue a secretária eletrônica.

Existem alguns recursos para abreviar o tempo de uma ligação. Um deles é perguntar imediatamente: "O que posso fazer por você?" Isso faz com que o interlocutor vá direto ao assunto. Faça perguntas até determinar com exatidão o propósito da chamada. Então, decida até que ponto o telefonema se relaciona com suas prioridades.

Vale a pena interromper o que está fazendo para lidar com aquele novo assunto? Ou você poderá retornar a ligação em um momento mais adequado e de acordo com a prioridade que a chamada de fato possui?

Há ainda a possibilidade de alguém atender a chamada para você, ou porque é de baixa prioridade ou porque você não dispõe da informação necessária. Nesse caso, dê o nome e o telefone da pessoa que pode ajudar seu interlocutor. Ou transfira a chamada para essa pessoa.

Seguem mais alguns conselhos:

- Economize tempo usando sua secretária eletrônica de maneira mais efetiva.
- Modifique sua mensagem diariamente ou, pelo menos, uma vez por semana, a fim de avisar às pessoas que estão telefonando qual é a agenda do dia, ou da semana.
- Peça aos interlocutores que "façam a gentileza" de deixar seus nomes, números, razões para a chamada e a melhor hora para você retornar o telefonema. (Explique-lhes que, agindo assim, você será mais ágil no feedback – quem sabe, já dispondo da solução ou da informação desejada.)
- Apresente opções para ser encontrado fora do escritório: outro número de telefone ou de um pager, o nome e número de outra pessoa que poderá atender melhor seu pedido ou seu telefone pessoal.

Abaixo, mais três sugestões para gerenciar as ligações recebidas:

Simplifique e seja eficiente: Diga às pessoas qual é o melhor horário para falarem com você e quais devem evitar. Também ofereça os nomes e números de colegas de trabalho a quem seria melhor contatar do que a você.

Insista em pedir o básico: Quando alguém lhe disser "Vou lhe telefonar depois", responda logo: "Tudo bem, mas, se não me encontrar, deixe seu nome e número, lembre-me do motivo de seu telefonema e indique o melhor horário para eu lhe retribuir a chamada."

Determine um horário para dar feedback: Isso é especialmente inteligente no caso de ligações de baixa prioridade. Em geral, o melhor que tem a fazer é juntar todas as chamadas para o período entre as 11h30 e 12h, ou então para o final da tarde.

"Em média, metade dos telefonemas comerciais não se refere a negócios. O telefone é uma interrupção. Você pára de trabalhar quando ele toca... Portanto, vai ter de dar um jeito de aprender como gerenciar isso."

CONTROLE AS CHAMADAS QUE VOCÊ FAZ

Estabeleça uma ordem de prioridade para suas ligações telefônicas. Descubra qual é o melhor momento para fazê-las e se você realmente precisa falar com aquelas pessoas.

Estabeleça horários específicos para fazer suas chamadas. Minha sugestão é deixar as ligações mais importantes para a parte da manhã e as de baixa prioridade para o período das 11h30 às 12h ou para o final do dia. A razão é simples: as pessoas falam menos ao telefone antes do almoço e antes da hora de irem para casa.

Se você estiver telefonando para fornecer informações, escolha uma hora em que sabe que a pessoa não estará presente e deixe uma mensagem. É fundamental dar feedback a todas as mensagens que receber, de preferência no mesmo dia (o prazo de 24 horas é razoável).

A maneira mais inteligente de economizar tempo em cada chamada é planejar – faça um rascunho com os assuntos que deseja tratar e busque antecipadamente todas as informações necessárias. Determine o tempo que você espera gastar com cada assunto e se mantenha dentro do que foi planejado.

Antecipe as perguntas que a outra pessoa pode fazer e prepare respostas, juntamente com quaisquer informações que possam ser necessárias. Além de ágil, você vai parecer mais profissional. Fique de olho no relógio e acompanhe a duração de sua ligação. Veja, em detalhes, o passo-a-passo do telefonema ideal:

Inicie a chamada informando a razão, ou razões, do telefonema; depois, vá direto ao assunto e não saia dele.

Quando você tiver atingido o objetivo de sua chamada, conclua a conversa de maneira educada.

Faça um resumo do conteúdo da conversa e depois pergunte: "Isso incluiu tudo?" Se a resposta for positiva, use minha frase favorita: "Eu sei que você está muito ocupado, por isso vou deixá-lo em paz..."

Se a outra pessoa estiver ocupada demais para falar com você, combine um horário para retornar a chamada. Se precisar deixar uma mensagem na secretária eletrônica, seja breve: fale devagar e com clareza por 15 a 30 segundos, no máximo. Deixe seu nome e número de telefone, a razão da chamada, a melhor hora para darem retorno e um prazo final para falarem com você.

Aqui vão mais três maneiras de fazer suas chamadas telefônicas:

Tome notas em sua agenda geral: Anote tudo que foi falado, especialmente os acordos e compromissos.

Prefira deixar recado na secretária eletrônica: Se alguém se oferecer para tomar nota de um recado, pergunte se é possível registrá-lo na secretária eletrônica – é mais seguro e permite que você deixe uma mensagem mais detalhada. "Provavelmente seria mais fácil para você se eu pudesse deixar uma mensagem em viva voz", diga educadamente.

Retorne todas as chamadas de vendedores: Deixe um recado informando que não está interessado (ou que retornará, caso se interesse pelo produto). Isso evitará que os vendedores liguem novamente. Vale a pena investir alguns segundos nisso.

"Em média, um telefonema não planejado leva cinco minutos a mais do que se tivesse sido planejado. Planejar um telefonema pode ser tão fácil como fazer um esboço de 30 segundos do que você pretende dizer ou pedir."

GARY LOCKWOOD

○ FAÇA TUDO SOZINHO

⊙ DELEGUE TAREFAS

Delegar é uma forma muito eficiente de gerenciamento de tempo. Infelizmente, nós não a empregamos como deveríamos.

E por que não? Porque nos achamos mais rápidos e melhores que qualquer um. Porque achamos que leva muito tempo e fica cansativo explicar as tarefas a serem delegadas. Porque temos medo de que nossos colaboradores cometam erros – pior ainda, que eles façam tudo certo. Ah, sim... porque somos controladores, incapazes de compartilhar tarefas, ou simplesmente porque não confiamos em nossos subordinados.

Existem benefícios importantes no ato de conferir poder e representatividade, tanto para você como para sua equipe – além dos simples ganhos no gerenciamento de tempo. Delegar tarefas permite que você se concentre no que exige suas habilidades gerenciais.

Delegar é uma forma importante de desenvolver as habilidades de seus colaboradores, assim como de aumentar sua motivação. Demonstra ainda seu compromisso de melhorar a qualificação de quem trabalha com você. Afinal, a principal qualidade de um gestor é justamente sua capacidade de treinar equipes. Aceite o fato de que outros podem realizar algumas tarefas tão bem quanto você – talvez até melhor.

Aprenda a delegar com inteligência, de acordo com as seguintes linhas-mestras:

- Faça uma lista de todas as tarefas que estão sob sua responsabilidade.
- Decida quais tarefas ou projetos vão beneficiar mais sua empresa ou divisão (tarefas que têm significado real), quais irão melhorar suas próprias habilidades e/ou desempenho e quais delas beneficiarão mais o conhecimento e a confiança de um de seus subordinados.
- Não delegue tarefas mal definidas e projetos de alto risco, que exijam envolvimento ou decisões administrativas.

Delegar é uma arte, pois pressupõe a escolha da pessoa certa para realizar determinada tarefa. Certifique-se de que ela tenha o treinamento adequado, além de experiência e/ou conhecimento específico. Deixe claro por que ela foi escolhida e qual é a importância do trabalho a ser realizado.

Repasse o projeto completo, não apenas as partes que você não tem vontade de fazer. Se achar que é difícil demais para uma só pessoa, divida o projeto em partes e repasse cada uma para pessoas diferentes.

É fundamental definir bem a tarefa e especificar os resultados desejados, assim como as suas expectativas. Forneça toda a orientação possível e dê exemplos do que espera da pessoa. Estabeleça prazos realistas e, por segurança, marque um encontro no meio do caminho para discutir o progresso feito ou os problemas que surgirem. Dessa forma, você evita a ansiedade de ficar a toda hora verificando como está o andamento do serviço. Demonstre confiança.

Verifique se a pessoa entendeu realmente todos os detalhes do projeto. Responda claramente todas as perguntas e, o que é mais importante, confira a autoridade necessária para que ela possa realizar o trabalho. Na hora da entrega, elogie os resultados alcançados e faça críticas construtivas, se for o caso.

Para delegar inteligentemente, faça o seguinte:

Delegue, não descarregue os problemas nos ombros dos outros: Dê responsabilidade e motivação a seus subordinados. Delegar é uma das mais poderosas ferramentas de motivação.

Demonstre confiança: Quando você delegar alguma coisa, diga à pessoa que confia nela – e depois demonstre isso dando liberdade para que ela assuma plenamente a execução da tarefa, o que pressupõe a responsabilidade de decidir quando consultar você, caso tenha alguma dúvida ou surja qualquer problema. Não abra mão do controle do projeto.

Acompanhe a realização das tarefas: Utilize sua agenda geral para acompanhar o andamento das tarefas que você está delegando.

"Há grandes homens que fazem os outros se apequenarem. Mas um homem realmente grande faz com que todos também se sintam grandes."

PROVÉRBIO CHINÊS

PLANEJE AS REUNIÕES DE MANEIRA EFICAZ

Todos estão familiarizados com as características das reuniões improdutivas. Elas são geralmente mais longas, sempre deixam assuntos pendentes e, claro, nunca são planejadas com antecedência. Para completar, os participantes são despreparados e não se mostram dispostos a trabalhar em equipe. Ou seja, o resultado é sempre frustrante.

Para melhorar o nível de eficiência de uma reunião é preciso começar fazendo um planejamento mais eficiente. A primeira providência é questionar a verdadeira necessidade daquela reunião e qual é o seu objetivo. A segunda é definir seu propósito – fornecer informações, resolver problemas, tomar decisões ou simplesmente debater idéias. A terceira é calcular o custo de uma reunião.

É possível atender seu objetivo de outra maneira? Considere as alternativas. Caso o propósito do encontro seja transmitir informações, talvez seja melhor mandar um e-mail coletivo. Somente convoque as pessoas quando tiver bons motivos para isso. Pode até parecer uma decisão óbvia, mas muitas reuniões são apenas *pro forma*, sempre uma vez por semana ou até todos os dias, na mesma hora, no mesmo lugar, na mesma... Convenhamos, regularidade e hábito não são boas razões para justificar reuniões.

Mas, se você decidir que a reunião é realmente necessária, use sua finalidade para definir os participantes, o tempo de duração e a data. Chame somente as pessoas envolvidas e explique claramente por que cada uma está sendo convidada. Com isso, elas se sentirão mais responsáveis e investirão em uma preparação mais cuidadosa.

Determine a pauta, como você pretende tratar cada assunto e o tempo que pretende gastar nele. A extensão da reunião, inclusive, depende disso. Tente concluir tudo em menos de 90 minutos, porque esse é o limite de atenção de uma pessoa normal.

Algumas propostas adicionais para a organização de reuniões:

Questione a convocação de reuniões regulares: É importante saber qual o objetivo da reunião, especialmente se ela fizer parte da rotina. Reuniões regulares podem ser produtivas ou não. O importante é evitar perda de tempo.

Saiba por que você foi convidado: Descubra com antecedência o que esperam de você. Você poderia enviar um substituto ou fornecer as informações necessárias sem precisar estar presente? Seria possível assistir apenas a uma parte da reunião?

Pense em termos de "investimento": Reuniões custam caro. Se os participantes fizerem a conta (custo por minuto), provavelmente investirão mais tempo e energia planejando as reuniões, a fim de torná-las mais efetivas e eficientes.

"90% dos funcionários disseram que metade do tempo gasto em reuniões poderia ter sido utilizado de forma mais produtiva. Eles perdem, em média, 31 horas por mês participando de reuniões improdutivas."

ESCOLHA UMA HORA, QUALQUER HORA

AGENDE AS REUNIÕES DE MANEIRA EFICAZ

Assim que você tiver planejado sua reunião, marque tanto a hora de começar como a de terminar. Nunca agende dois encontros para o mesmo dia: eles acabam sendo menos estruturados, mais longos e pouco produtivos.

Em geral, é mais eficiente reunir as pessoas no período da tarde. Elas tendem a se preparar melhor, uma vez que podem aproveitar a hora do almoço para os detalhes finais. Sem contar que, provavelmente, conseguiram resolver pendências e dar andamento aos outros projetos durante as quatro primeiras horas do dia.

A prática mostra que é totalmente contraproducente marcar reuniões nas primeiras horas do dia, especialmente às segundas-feiras. As tardes de sexta-feira só funcionam quando o objetivo é revisar os progressos da semana e motivar a equipe para começar a próxima semana no mesmo ritmo.

Sugiro marcar o início das reuniões em horários quebrados: 14h10 em vez de 14h. É o tal fator psicológico. Para muita gente, "14h" significa "mais ou menos 14h", mas 2h10 definitivamente representa 2h10.

Crie uma agenda para a reunião e defina os objetivos claramente. Quanto mais específico você for, mais os participantes manterão o foco. Use o "princípio da hortaliça" para estabelecer as prioridades e determine em que horário cada assunto será tratado.

Distribua a pauta pelo menos um dia antes da reunião para que todos possam se preparar. Também é importante definir as funções de cada um. Aqui vão algumas possibilidades:

- Líder/facilitador: sua função é conduzir a reunião de acordo com a agenda.
- Secretário: responsável por fazer a minuta da reunião e depois a ata, que será distribuída no prazo de 24h após a reunião.
- Coordenador: garante que os horários sejam cumpridos.
- Porteiro: encarregado de fechar a porta quando a reunião começar e de abri-la para os atrasados, informando-lhes em que pé se encontra a reunião.

Envie um lembrete a todos os participantes convocados 30m antes do início da reunião. Aproveite o bilhete para estrategicamente reiterar a razão pela qual eles foram chamados. Isso também pode ser feito na abertura da reunião, garantindo a participação de todos.

Veja como se comportar nas reuniões de trabalho:

Seja cauteloso ao assumir compromissos: Não se comprometa a participar de reuniões ou conferências telefônicas logo no começo da manhã; abra exceções para "hortaliças" e emergências. Em particular, evite compromissos nas manhãs de segunda-feira e participar de uma reunião depois da outra – o ideal é reservar algum tempo para se recuperar e também para se preparar para a seguinte.

Agende algum tempo livre depois de cada reunião: Planeje o tempo de modo que possa ir ao banheiro, comer ou beber alguma coisa e/ou chegar a tempo em seu próximo compromisso. Você se sentirá mais relaxado, especialmente se a reunião demorar além do previsto.

Descubra a pauta da reunião: Se a pessoa que marcou a reunião não distribuir a pauta de assuntos com antecedência, peça uma cópia. É fundamental conhecer o roteiro e os assuntos para poder se preparar. As reuniões de última hora, é claro, não contam.

"Não existe momento ideal para se marcar uma reunião desnecessária."

ANÔNIMO

CHAME AS PESSOAS E IMPROVISE

LIDERE AS REUNIÕES DE MANEIRA EFICAZ

O.k., você planejou e estabeleceu a agenda e a data da reunião cuidadosamente. Agora, conduza-a de maneira hábil e perspicaz.

Escreva os objetivos do encontro em um quadro ou em um bloco grande preso a um cavalete colocado na parte dianteira da sala, para que os participantes não tirem os olhos deles assim que entrarem na sala.

Comece na hora marcada. Isso demonstra a seriedade e o grau de eficiência da reunião. Simplesmente feche a porta e dê início ao primeiro item da agenda. Informe aos participantes que eles não podem chegar atrasados. Cobre multas, se for necessário.

Siga o roteiro e mantenha uma minuta de tudo o que for discutido. A pessoa responsável deve incluir as formalidades (data, hora, líder, propósito e participantes) e os pontos-chave da reunião.

É sempre recomendável relembrar às pessoas quais são as regras de conduta e de civilidade: temas básicos como o respeito ao outro, a importância de evitar distrações e de manter o foco na agenda proposta.

Recapitule rapidamente o que foi decidido na reunião anterior e faça um resumo das ações realizadas. Estabeleça uma atmosfera de eficiência.

Atenha-se à agenda. A principal razão por que as reuniões não terminam na hora marcada é que o líder perde o controle da agenda. Os assuntos extras que surgirem devem ser transferidos para uma outra reunião. Não se esqueça de escrever os pontos principais ou as idéias que surgirem no bloco ou no quadro branco.

Termine na hora marcada, ou antes. Lembre à pessoa responsável pela minuta que é preciso fazer a ata e distribuir cópias aos participantes no prazo máximo de um dia. Isso é especialmente importante no que se refere às ações que foram decididas.

Veja como os participantes devem agir durante as reuniões:

Respeite para ser respeitado: Desligue seu celular, pager ou qualquer outro dispositivo sonoro, evite qualquer comportamento que possa distrair os outros participantes e que não esteja relacionado com a reunião.

Participe de acordo com as expectativas: Saiba por que você foi incluído na reunião e participe de boa vontade. Faça com que sua presença tenha valido a pena e dê um bom exemplo aos demais.

Saia na hora marcada: Se a reunião atrasar, peça desculpas e saia a tempo de comparecer a seu próximo compromisso. Não deixe que os outros controlem seu tempo. Sua partida transmite a mensagem de que toda reunião deve ser eficaz e eficiente.

> **"Ninguém sabe quando ocorreu a primeira reunião, mas dá para apostar que ela foi considerada longa demais por alguns participantes, mal organizada por outros e aborrecida por uns poucos – sem contar os resultados, que, provavelmente, desapontaram a maioria."**
>
> BARBARA J. STREIBEL

"O desperdício de tempo difere do desperdício material no sentido de que não pode ser recuperado. A perda de tempo ocorre com muita facilidade, mas é muito difícil corrigi-la, porque o tempo perdido não se torna tão evidente quanto um material desperdiçado, caído no chão."

HENRY FORD

Conheça outro livro da Coleção Desenvolvimento Profissional

Networking: Desenvolva sua carreira criando bons relacionamentos

DIANE DARLING

Executivos e líderes empresariais bem-sucedidos sempre apontam a habilidade de fazer networking como uma das mais poderosas ferramentas para o sucesso profissional. O desafio é tornar-se um mestre na arte de cultivar relacionamentos que tragam benefícios para todos os envolvidos.

Esse é o principal objetivo de *Networking: Desenvolva sua carreira criando bons relacionamentos* – ensinar cada pessoa a superar a timidez, ampliar suas conexões e criar seu próprio estilo de fazer novos contatos.

Esse livro se baseia na idéia de que todo mundo pode aprender a fazer networking de maneira eficaz. E traz 24 dicas para desenvolver um programa de ações envolvendo as pessoas que você conhece e as que virá a conhecer – além de um planejamento estratégico para você conseguir o que deseja, enquanto ajuda os outros a também realizarem seus desejos. Para isso, é necessário, entre outras coisas:

- Aprender as melhores estratégias de networking
- Superar seus medos
- Controlar sua linguagem corporal
- Ultrapassar seus limites
- Descobrir oportunidades
- Relacionar-se com inteligência
- Avaliar seus contatos
- Desenvolver uma tática de aproximação

Conheça os 30 clássicos
da Editora Sextante

O Código Da Vinci, Anjos e Demônios e *Fortaleza Digital,* de Dan Brown

Pais brilhantes, professores fascinantes, Nunca desista de seus sonhos e *Você é insubstituível,* de Augusto Cury

O monge e o executivo, de James C. Hunter

Um dia "daqueles", O sentido da vida e *Querida mamãe, obrigado por tudo,* de Bradley Trevor Greive

Por que os homens fazem sexo e as mulheres fazem amor?, de Allan e Barbara Pease

Os 100 segredos das pessoas felizes e *Os 100 segredos das pessoas de sucesso,* de David Niven

Enquanto o amor não vem, de Iyanla Vanzant

A última grande lição e *As cinco pessoas que você encontra no céu,* de Mitch Albom

A Dieta de South Beach, de Arthur Agatston

O ócio criativo, de Domenico De Masi

Não leve a vida tão a sério, de Hugh Prather

O Poder do Agora, de Eckhart Tolle

A vida é bela, de Dominique Glocheux

Palavras de sabedoria e *O caminho da tranqüilidade,* de Sua Santidade, o Dalai-Lama

Muitas vidas, muitos mestres e *Só o amor é real,* de Brian Weiss

Histórias para aquecer o coração, de Jack Canfield e Mark V. Hansen

Conversando com os espíritos, de James Van Praagh

Aprendendo a gostar de si mesmo, de Louise Hay

Mantenha o seu cérebro vivo, de Lawrence Katz e Manning Rubin

Aprendendo a silenciar a mente, de Osho

Informações sobre os próximos lançamentos

Para receber informações sobre os lançamentos da Editora Sextante, basta enviar um e-mail para atendimento@esextante.com.br ou cadastrar-se diretamente no site www.sextante.com.br

Para saber mais sobre nossos títulos e autores, e enviar seus comentários sobre este livro, visite o nosso site: www.sextante.com.br

Editora Sextante
Rua Voluntários da Pátria, 45 – Gr. 1.404 – Botafogo
22270-000 – Rio de Janeiro – RJ
Tel.: (21) 2538-4100 – Fax: (21) 2286-9244
E-mail: atendimento@esextante.com.br
www.sextante.com.br